WEIHNACHTSAMKEIT

24 KREATIVE TÜRCHEN ZU DIR SELBST

Franziska Heidenreich

WEIHNACHTSAMKEIT

24 KREATIVE TÜRCHEN ZU DIR SELBST

S. 11

S. 15

S. 19

S. 23

S. 27

S. 31

S. 35

S. 39

S. 43

S. 47

S. 51

S. 55

S. 59

S. 63

S. 67

S. 71

S. 75

S. 79

S. 83

S. 87

S. 91

S. 95

S. 99

S. 103

VORWORT

Der Geruch von Zimt und Orangen, die wohlige Wärme einer heißen Tasse Tee, das Gefühl, wenn erste Schneeflocken sanft auf deinem Gesicht landen, Beisammensein, Heimatbesuch und ganz viel Glitzer und Geborgenheit – das ist die Vorweihnachtszeit.

Es ist zweifelsohne eine besondere Zeit. In den Wochen vor Weihnachten kannst du eine ganz einzigartige Stimmung wahrnehmen, die für jeden etwas anderes bedeutet, in jedem Fall aber etwas Magisches hat. Diese Stimmung ist ideal, um sich selbst zu öffnen, sich ganz neu zu betrachten und Rituale neu zu erfinden. Vielleicht ist es genau dieser spürbare Zauber des Neuanfangs, der die Vorweihnachtszeit so magisch macht. Man rekapituliert das vergangene Jahr und steht in den Startlöchern für das neue Jahr. So manches Vorhaben wird bereits schon jetzt gefasst. Am schönsten ist es, wenn diese Pläne unmittelbar mit einem selbst zu tun haben, wenn sie ein bisschen von dem Wohlgefühl transportieren, das jetzt in der Vorweihnachtszeit in der Luft liegt.

Schade ist es, wenn die Weihnachtszeit zum Stress wird. Weihnachtsgeschenke müssen besorgt werden, Haus und Garten wollen geschmückt und die Feiertage wohl geplant sein. Wie wichtig ist es da, sich zwischen den Weihnachtsvorbereitungen im besonderen Maße Raum zu schaffen. Raum, um Zeit mit sich selbst verbringen zu können.

All diese Gedanken möchte ich hier vereinen. Ein schöner Spruch, persönliche Fragen, die zu einem bewussteren Umgang mit sich selbst einladen, sowie schöne Rezepte und DIY-Ideen geben Inspiration für die tägliche Weihnachtsdosis „Achtsamkeit“. Die Zutaten bekommst du in jedem gut sortierten Super- oder Drogeriemarkt, die Materialien im Bastelladen. Oft kannst du auch etwas verwenden, das du eh zuhause hast, z.B. als Schraubglas ein leeres Konservenglas.

Ich wünsche dir eine fantastische, spannende, besinnliche und herzenswarme Weihnachtsamkeit, die dich das ganze Jahr über trägt.

WENN DIR JEMAND
DIE NÄCHSTEN 24 TAGE
BEI DEINEM LEBEN ZUSCHAUEN WÜRDE,
WÜSSTE ER DANACH,
WAS DIR WICHTIG IST?

24 Tage bis Weihnachten, 24 kleine Rituale, die dir Zeit geben, um über dich und dein Leben nachzudenken. Nimm dir jeden Tag ein bisschen Zeit. Beantworte eine Frage, lass dich von einer schönen Idee inspirieren oder gestalte einen Anhänger für einen persönlichen Adventskalender. 24 Vorlagen findest du dafür am Ende des Buches, die du raus kopieren, weiterzeichnen und anmalen kannst. Außerdem haben wir Sticker für Weihnachtskugeln beigelegt: einfach aufkleben und die schön geletterte Botschaft wirken lassen. Und jeden Tag gibt es ein kleines Lesezeichen zum Umklappen: 24 winzige Türchen, die dich immer weiter zu dir selbst führen.

Lachen und Lächeln
sind Tor und Pforte,
durch die viel Gutes in den Menschen
hineinhuschen kann.

Lucius Annaeus Seneca (4 v. Chr.–65 n. Chr.)

1

Freuen

Wer lächelt, setzt durch die Muskelbewegung Glückshormone frei. Diese wirken angstlösend und verbessern die Wahrnehmung. Dabei ist es den beteiligten Muskeln egal, ob es sich um ein echtes Lächeln oder ein grundloses Lachen handelt. Was zaubert dir ein Lächeln ins Gesicht? Ist es ein Ereignis oder eine ganz bestimmte Person? Denke an etwas, was dir garantiert ein Lachen beschert – und dann lache!

Gute-Laune-Kekse

Zutaten für ca. 20 Stück

- 125 g weiche Butter
- 125 g (Dinkel-)Mehl
- 1 Päckchen Vanillezucker
- 50 g Puderzucker
- Prise Salz
- Nudelholz
- Sektglas oder runde Ausstechform
- Lebensmittelstifte oder Buchstaben zum Teig prägen
- Backpapier

Wenn es um das Verzieren dieser lecker-duftigen Vanilleköstlichkeiten geht, sind deiner Fantasie keine Grenzen gesetzt. Einziges Kriterium: zum Lächeln sollten dich deine selbst gebackenen und kunterbunt verzierten Kreationen bringen.

1 Vermische alle Zutaten miteinander und verknete die Masse zu einem gleichmäßigen Teig.

2 Bemehle die Arbeitsfläche und das Nudelholz und rolle den Teig gleichmäßig aus.

3 Mit einer runden Ausstechform oder einem Glas mit kleiner Öffnung (ideal ist ein Sektglas) stichst du runde Kreise aus und legst sie auf ein mit Backpapier ausgelegtes Backblech.

4 Schiebe die Kekse für ca. 10–12 Min. in den auf 180°C Grad vorgeheizten Backofen. Die Kekse sind fertig, wenn sie eine goldbraune Färbung angenommen haben. Hole die Kekse nun heraus und lass sie abkühlen.

5 Die ausgekühlten Kekse kannst du mit aufmunternden oder erheiternden Sprüchen beschriften und nach Lust und Laune verzieren.

Tipp: Anstatt die Kekse zu bemalen, kannst du vor dem Backen auch Statements einprägen. Dafür benötigst du nur ein Buchstaben-Prägeset.

Ja, das ist eines
der Geheimnisse des Lebens:
die Seele durch die Sinne heilen können
und die Sinne durch die Seele.

Oscar Wilde (1854–1900)

2

Berühren

Gehörst du auch zu den Menschen, die am Tisch immer etwas in der Hand haben müssen? Dann nimm die Gegenstände, die du berührst, einmal bewusst wahr. Wie fühlt sich die Serviette an? Wie das Wasserglas? Wie liegen Messer und Gabel in deinen Händen? Spürst du das kühle Metall oder das warme Holz? Schule dein sensibles Wahrnehmen.

Fühl mal!

Material

- kleine glatte Steine
- Acrylmarker in deinen Lieblingsfarben (hier in Blau, 2–4 mm breit, und in Weiß, 2–4 mm und 1–2 mm breit)
- Klarlack-Spray
- Pinsel

Weihnachtliche Deko sieht nicht nur schön aus, sie kann sich auch toll anfühlen! Kreiere dir deine eigenen Handschmeichler. Steine haben eine wunderbar glatte Oberfläche und liegen angenehm kühl und schwer in der Hand. Und mit ein bisschen Farbe geben sie eine tolle Tischdeko ab. Besonders schön sieht es aus, wenn du nicht allzu viele verschiedene Farben benutzt.

1 Reinige die Steine mit Wasser und trockne sie gut ab bzw. lass sie an der Luft gut durchtrocknen.

2 Grundiere die Steine: Die gesamte Oberfläche eines Steins mit einer Farbe anmalen und erneut trocknen lassen. Ist die Farbe komplett getrocknet, kannst du dich ans Verzieren machen: Gestalte hübsche Muster und bemale die Steine nach Herzenslust. Ob Sterne, Schneeflocken oder einfach nur Kreise – lass deine Fantasie schweifen und male auf, was dir in den Sinn kommt.

3 Wenn du die Steine besonders strapazierfähig haben möchtest, kannst du sie abschließend mit Klarlack besprühen. Dabei gut durchlüften.

Lass die kühlen Steinchen, die du so liebevoll bemalt hast, durch deine Hände gleiten – zunächst ohne hinzuschauen. Nimm die Steine nur über deine Hände wahr. Merkst du, wie glatt und kühl, aber zugleich auch herzig warm sie durch deine Bemalung sind?

Was gut gepflanzt ist, wird nicht ausgerissen.
Was treu bewahrt wird, geht nicht verloren.
Wer sein Gedächtnis Söhnen und Enkeln hinterlässt, hört nicht auf.

Laotse (604– 531 v. Chr.)

3

Bewahren

Was hat dich heute, an diesem Tag glücklich gemacht? Worüber hast du dich gefreut? Was hat dich zum Lächeln gebracht? Vielleicht kannst du fortan täglich in einem Satz notieren, was dich erfreut hat. Wenn du diese Notizen aufhebst und sie dir in einem Jahr wieder anschaust, wirst du staunen, was dich alles glücklich macht.

Schmuckvolle Aufbewahrung

Material für ein Schraubglas

- Einmachglas oder anderes Schraubglas mit Metalldeckel, bauchig, ca. 12 cm hoch
- Hirschfigur aus Gummi, ca. 12 cm hoch
- Schleifband, kariert, ca. 70 cm lang
- Chalky-Kreidefarbe für Glas in Weiß
- Chalky-Kreidefarbe in Weiß
- Schleifpapier
- Pinsel
- UHU-2-K-Epoxidharzkleber

Deine Glücksnotizen kannst du in einer schönen Dose aufbewahren, z. B. in einer alten Zuckerdose von Oma oder einem abschließbaren Kästchen. Du hast nichts Passendes zur Hand? Dann kannst du dir aus einem Schraubglas eine geheime Aufbewahrung selbst herstellen. So machst du dein Döschen zu etwas ganz Besonderem.

1 Wasche das Schraubglas gründlich aus und entferne sämtliche Etiketten. Mit Epoxidharzkleber befestigst du nun den Hirsch auf dem Deckel des Glases und lässt ihn gut antrocknen.

2 Glas, Deckel und Hirsch mit der Kreidefarbe anmalen. Alles gut trocknen lassen (Herstellerangaben beachten). Anschließend die Glasfarbe im Backofen einbrennen.

3 Um deiner Dose einen Shabby-Look zu verleihen, bearbeite mit feinem Schleifpapier den Deckel und den Hirsch. Am Schluss bindest du eine Schleife um das Glas.

Sieht fast aus wie Keramik, oder?

Essen ist ein Bedürfnis.
Genießen
ist eine Kunst.

François Duc de La Rochefoucauld (1613–1680)

4
Genießen

Welche Geschmäcker magst du besonders gern? Gibt es Unterschiede hinsichtlich deiner Sinne? Riechst du etwas gern, was du aber nicht gern isst? Versuche dir Zeit zu nehmen, um deine Lieblingsgeschmäcker beim Essen bewusster wahrzunehmen – wie ein Weinkritiker, der die Sinneserfahrung während der Verkostung beschreiben soll. Vielleicht entdeckst du noch andere Nuancen?

Zimt-Nuss-Konfekt

Zutaten für ca. 20 Stück

- 40 g Walnüsse
- 40 g Haselnüsse
- 30 g Kokosöl, geschmolzen
- 150 g Datteln, entsteint
- 1 /2 TL Ceylon-Zimt
- Prise Salz
- Puderzucker-Zimt-Mischung

Was darf in der Weihnachtsküche auf keinen Fall fehlen? Zimt natürlich! Er lässt die Wohnung weihnachtlich duften und wirkt zudem stimmungsaufhellend und wärmend. Ihm werden aber noch viele andere sagenhafte Eigenschaften zugesprochen. So soll er sogar aphrodisierend wirken. Aber wie schmeckt Zimt? Ist er süß? Holzig? Vielleicht auch ein bisschen scharf? Probiere es aus!

1 Schmilz das Kokosöl und mische danach alle Zutaten so lange in einem Mixer, bis ein krümeliges Püree entstanden ist.

2 Mit einem TL stichst du kleine Mengen aus der Masse aus und formst diese zu Kugeln (ø ca. 3 cm). Stelle die Kugeln für 2–3 Stunden kalt.

3 Nun wendest du die Kugeln in einer Puderzucker-Zimt-Mischung, sodass sie von allen Seiten bedeckt sind.

Zurücklehnen und Kugel für Kugel genießen!

DIE LANGSAMKEIT
BIETET DIE CHANCE,
DAS, WAS WIR TUN,
AUCH ZU ERLEBEN.

Henriette Wilhelmine Hanke (1785–1862)

ENTSCHLEUNIGEN

5

Wann hast du das letzte Mal bewusst darüber nachgedacht, was du gerade tust? Lange her? Dann solltest du alltägliche Muster durchbrechen, denn selbst die einfachsten Veränderungen lassen dich die Dinge langsamer machen als üblich – und Entschleunigung fördert Achtsamkeit. Du könntest einen neuen Weg zur Arbeit wählen, rückwärts die Haustreppe hinaufgehen oder das Besteck seitenvertauscht in die Hände nehmen. Was möchtest du anders machen, um dich wieder bewusster zu erleben?

MANDALA-TRAUM

MATERIAL

- Papierrest
- Zirkel
- Geodreieck oder Lineal
- Bleistift und Radiergummi
- Fineliner in Schwarz
- bunte Stifte

Die Mischung aus planvollem, bewusstem Vorgehen beim Kreieren des Mandalas und dem anschließenden Ausmalen, das etwas Meditatives und Beruhigendes hat, macht hier den besonderen Reiz aus. Sie bietet sich gerade in stressigen Zeiten an als „tägliche Dosis Achtsamkeit". Ein ausgeschnittenes Mandala-Motiv ist zudem ein toller Hingucker auf schlicht gehaltenen Geschenkverpackungen.

1 Zunächst mit dem Zirkel (oder einem Teller als Schablone) einen großen Kreis auf das Papier zeichnen.

2 Anschließend nach Belieben mit einem spitzen Bleistift weitere geometrische Formen in den Kreis zeichnen oder mit dem Zirkel ziehen, z.B. Kreise, Quadrate, Drei- oder Vielecke oder Ellipsen. Die Formen sollten sich überlappen und auch den Kreisrand berühren, um viele Segmente zu erhalten, die man dann ausfüllen kann.

3 Die einzelnen Segmente nun mit immer gleichen, miteinander harmonierenden Motiven ausgestalten.

4 Alle Linien mit dem Fineliner nachziehen.

5 Anschließend das Mandala bunt ausmalen.

Na, wie ist die Stimmung?

Nicht das Vielwissen sättigt die Seele
und befriedigt sie,
sondern das Verspüren und Verkosten
der Dinge von innen her.

Ignatius von Loyola (1491–1556)

6

Nähren

Was nährt deine Seele? Was macht dich glücklich? Wobei empfindest du Freude? Überlege dir ein ganz persönliches Rezept mit den Dingen, die du brauchst, um dich gut zu fühlen. Schreibe es auf ein Stück Papier und stecke es „für alle Fälle" in dein Portemonnaie, sodass du es immer bei dir hast.

Apfel-Nuss-Brot (vegan)

Zutaten für ein Brot

- 3 Äpfel
- 150 g Zucker
- 350 g Mehl
- 125 g Nüsse (Haselnüsse oder Mischnüsse)
- 125 g Mandelblättchen
- 3 TL Backkakao
- 1 TL Zimt
- 1/2 Päckchen Backpulver
- Handvoll Cranberrys
- Kastenform, 28 cm lang
- Reibe
- Öl und Paniermehl

Nicht nur deine Seele braucht Nahrung, sondern auch dein Körper. Backe etwas, was dir so richtig schmeckt und in deinem Haus für einen wohligen Weihnachtsduft sorgt. Wie wäre es z. B. mit diesem leckeren Früchtebrot?

1 Äpfel raspeln und Zucker hinzufügen. Lass das Ganze ca. 30 Min. stehen und rühre ab und zu um, damit die Äpfel gut Saft bilden.

2 Währenddessen kannst du die trockenen Zutaten miteinander vermischen, die Kastenform mit Öl einfetten und mit Paniermehl bestäuben sowie den Herd auf 180° C Grad vorheizen.

3 Nun die trockenen Zutaten mit der Apfelmasse vermischen. Das ist gar nicht so einfach, aber machbar. Am Ende sollte ein klumpig-zäher Teig entstehen. Ist er zu trocken, waren die Äpfel vermutlich zu klein. Füge in diesem Fall einfach 2–3 EL Wasser hinzu.

4 Fülle deinen Teig in die Form. Verteile ihn und streiche die Oberfläche mit einem nassen Löffel glatt. Das Brot für ca. 50 Min. backen, aus dem Ofen nehmen und in der Form abkühlen lassen.

Ein Genuss für Körper, Geist und Seele!

WER FREUDE
GENIEßEN WILL,
MUSS SIE TEILEN.
DAS GLÜCK
WURDE ALS
ZWILLING
GEBOREN.

Lord George Gordon
Noel Byron (1788–1824)

FREUDE TEILEN

7

Wer ist dein Glückszwilling? Mit wem teilst du am liebsten deine Freude? Was macht diesen Menschen aus und was macht ihn für dich zu einem so besonderen Menschen? Weiß diese Person, wie wichtig sie dir ist?

WEIHNACHTSPOST

MATERIAL FÜR 2 KARTEN

- 2 Klappkarten in Elfenbein, ca. 15 cm x 15 cm
- Washi Tape in weihnachtlichen Farben
- Glitzerklebeband
- Fineliner in Schwarz
- Lineal, Bleistift und Radiergummi
- Papierbogen
- Glas oder Zirkel
- UHU-Klebestift
- Schere

> Eine Karte zur Weihnachtszeit ist ein idealer Anlass, um jemandem zu zeigen, wie viel er einem bedeutet. Ein bunter Kartengruß bringt jedem Freude in den Briefkasten. Und wenn er so schnell und einfach gebastelt ist, kannst du gleich ganz viele Karten verschicken. Teile deine Freude, und sie wird sich verdoppeln.

1 Schneide das Washi Tape und das Glitzerklebeband in Streifen.

2 Kerzenkarte: Klebe die Streifen als Kerzen auf die Karte. Mit einem Fineliner kannst du den Kerzenstümpfen Flammen malen. Den Schriftzug schreibst du besser mit Lineal und Bleistift vor. Die Linien kannst du später wieder wegradieren.

3 Kugelkarte: Klebe die Streifen untereinander dicht an dicht auf das Papier. Mithilfe eines Zirkels oder eines Glases einen Kreis auf die Streifen malen, ausschneiden und auf die Karte kleben. Mit einem Fineliner eine Aufhängung an die Kugel malen.

Binde die Deichsel
deines Wagens
an einem Stern fest.

Ralph Waldo Emerson (1803–1882)

8

Orientieren

Mache eine Fantasiereise. Lade dazu einen Stein oder eine kleine Papierkugel mit einer Bedeutung auf, sodass du dieses Objekt als Symbol bei dir tragen kannst für die Dinge, die dir Orientierung geben. Nimm den Text mit der Audiofunktion deines Handys auf, während du ihn ganz langsam laut liest, und höre ihn dir immer wieder an, wenn dir danach ist, oder lass dir den Text von jemand anderem vorlesen.

Dein Stern

Material

- ggf. Decken oder Kissen
- Handy mit Audioaufnahmefunktion
- Schmuckstein, Kiesel oder Papierkugel, die gut in der Hand liegt

Suche dir eine bequeme Position, verwende gerne eine Decke oder ein Kissen dafür. Lasse deinen Körper ganz locker. Nimm deinen Stein in die linke Hand und schließe diese fest darum. Schließe dann deine Augen.

Spüre in deinen Körper – spüre, wie deine Arme und Beine ganz entspannt auf dem Untergrund liegen. Gehe gedanklich zu deiner linken Hand: Spürst du den Widerstand des Steins? Fühlst du den Unterschied zu deiner leeren rechten Hand? Ist deine linke Hand angespannter als die rechte, als dein ganzer restlicher Körper? Spüre einmal genau hin - wie fühlt sich das an? Spürst du Unebenheiten, eine glatte oder eine raue Oberfläche? Oder fühlt sich der Stein eher weich an?

Öffne nun langsam deine Hand, strecke sie aus und fühle, wie sich die Spannung verändert. Stell dir vor, du könntest den Stein mit einer raschen Handbewegung in den Himmel schießen. Dort sucht er sich eine Stelle am Firmament und bleibt stehen. Er steht dort nur für dich – es ist dein Stein. Er beginnt zu leuchten und zu leuchten, bis er richtig hell strahlt. Dein Stein ist zu einem Stern geworden, der nur für dich leuchtet. Wie ist dein Stern? Strahlt er heller als die anderen? Hat er einen leuchtenden Hof? Hat er viele Zacken oder ist er eher rund?

Denke an ein Erlebnis in deinem Leben, das dir viel bedeutet hat und aus dem du gestärkt hervorgegangen bist. Stell dir vor, wie du zu deinem Stern fliegst und wie du ihm dieses Erlebnis erzählst. – (lange Lesepause) – Während du erzählst, beginnt dein Stern noch stärker zu leuchten, so als ob ihr nun etwas Gemeinsames teilt, was nur ihr zwei wisst, nur du und dein Stern. Es scheint, als würde er dir zuzwinkern wegen des Wissens um dein Erlebnis und deiner Stärke – ihr betrachtet euch noch eine Weile – du verabschiedest dich von deinem Stern – du fliegst zurück in den Raum, in dem du es dir bequem gemacht hast, und liegst einfach nur wieder ganz entspannt da.

Schließe nun deine linke Hand wieder um den Stein, der eben noch dein Stern am Himmel sein durfte. Denke noch einmal daran, wie er dir zugezwinkert hat. Öffne deine Augen. Komm langsam wieder an im Hier und Jetzt.

Wohin das Herz und alle Wünsche schweben,
da lebt der Mensch das eigentliche Leben.

Heinrich Martin (1818–1872)

9
Acht geben

Hörst du darauf, was dein Herz dir sagt? Werde einen Moment still und überlege dir, wo du dich in den nächsten Jahren siehst. Male dir deine Zukunft genau aus. Was ist dein Lebensziel? Was wünschst du dir von Herzen? Zeit, Liebe, Geborgenheit, Abenteuer? Achte auf dich und deine Gefühle, denn auf sich zu achten, heißt, sich seiner Gefühle gewahr zu sein.

Mini-Mobile

Material

- Papierreste oder ein altes Buch
- kleiner Stock oder Treibholzstück
- Baumwollkordel, 50 cm lang
- 2 Perlen, Ø 6 mm
- Schere
- Nähgarn
- Klebestift
- ggf. Locher oder Stanzen
- ggf. Bleistift
- ggf. Vorbohrer

Manchmal sind es die schlichten und einfachen Dinge, die eine besonders starke Wirkung auf uns haben, wenn wir ihnen Beachtung schenken oder sie bewusst inszenieren. Ein filigranes Mobile kann jeden Knauf, jede Wand und jede Klinke zu einem Hingucker machen, der Besuchern ein Lächeln ins Gesicht zaubert.

1 Das Papier auswählen. Besonders hübsch wird das Mobile, wenn man verschiedene Papiere kombiniert.

2 Die Baumwollkordel ca. drei Mal um ein Ende des Stöckchens wickeln und verknoten. Anschließend die beiden Perlen aufziehen und das Ende der Kordel um das andere Ende des Stöckchens wickeln und ebenfalls verknoten. Die Kordelenden abschneiden und die Perlen über die Verknotung schieben.

3 Aus dem Papier zunächst Herzen, Kreise oder eine andere Lieblingsform in unterschiedlichen Größen und Varianten ausschneiden. Zu beachten ist, dass jede Form doppellagig ausgeschnitten werden muss, damit man sie später aufeinanderkleben kann. Für symmetrische Formen wie Herzen kann man das Papier dafür einfach in der Mitte knicken.

4 Nun etwa 40 cm Nähgarn von der Rolle abschneiden und die Formen in gleichmäßigen Abständen daran befestigen. Dafür immer zwei gleiche Papierstücke auf je einer Seite mit Klebstoff bestreichen, das Nähgarn mittig auf dem einen Papierstück platzieren und das zweite darauf kleben. Die Papierteile ganz nach Belieben arrangieren und anordnen, etwa wie bei diesem Modell 5–6 Kreise und Herzen pro Garnfaden.

5 Auf diese Weise 3–5 Garnfäden bekleben und anschließend an das Stöckchen binden. Überstehende Enden abschneiden.

6 Wer die Fäden verstecken möchte, bohrt mit einem Vorbohrer kleine Löcher in das Stöckchen und fädelt die Garnenden hindurch, um sie auf der Rückseite zu verknoten.

Das wahre Geschenk
besteht nicht in dem,
was gegeben oder getan wird,
sondern in der
Absicht des Gebenden
oder Handelnden.

Lucius Annaeus Seneca (4 v. Chr.–65 n. Chr.)

Schlemmen

10

Man sagt, wer das Essen nicht genießen kann, dem fällt es auch sonst schwer, Genuss zu empfinden. Genießt du jede deiner Mahlzeiten? Konzentriere dich auf die Mahlzeiten und nimm sie in einem entspannten Zustand zu dir. Vielleicht isst du einmal bewusst ganz langsam und zählst bei einigen Bissen, wie oft du kaust. Versuche, die unterschiedlichen Komponenten herauszuschmecken. Finde heraus, was dir besonders gut schmeckt. Was sind deine Lieblingszutaten?

Pilz-Quinoa-Risotto

Zutaten für ein Glas

- 580–600 ml Schraubglas
- 100 g Quinoa, dreierlei
- 200 g Risotto-Reis
- 100 Mischpilze
- 2 EL Zwiebeln, getrocknet
- 2 EL Suppengrün, getrocknet
- 1 TL Petersilie, getrocknet
- 1 TL Salbei, getrocknet
- 1/2 TL Knoblauchflocken
- Stück Stoff oder Papier
- Bastband oder Bindfaden
- Etiketten
- Stift

Das ideale Geschenk für alle, die es gern herzhaft mögen. Für alle Papas, Onkel, Opas, Brüder... aber natürlich freuen sich auch weibliche Genießer über diese Leckerei im Glas.

1 Stell dein gut ausgewaschenes und abgetrocknetes Schraubglas auf eine Küchenwaage und fülle die Zutaten in der Reihenfolge der Liste ein. Falls oben Luft sein sollte, fülle das Glas mit deiner Lieblingszutat noch etwas auf, damit sich die hübschen Schichten nicht allzu sehr vermengen. Das Glas zuschrauben.

2 Den Deckel mit einem Stück Stoff oder einem hübschem Papier verzieren und das Ganze mit einem Bastband oder Bindfaden fixieren.

3 Klebe vorn und hinten ein Etikett auf das Glas. Vorn schreibst du drauf, was sich im Glas befindet, und hinten gibst du eine kleine Kochanleitung, z. B.: „Weiche alle Zutaten ca. 1 Std. ein und seihe das Wasser ab. Öl oder Butter in einem Topf erhitzen und die Zutaten kurz darin schwenken. Mit dem Glas immer wieder Wasser aufgießen (ca. 2,5–3 Gläser), mit Salz und Pfeffer abschmecken und mit Parmesan servieren."

4 Du kannst auch noch eine liebe Nachricht oder einen schönen Spruch auf das Etikett schreiben. Mach aus deinem Glas ein schönes Geschenk.

Tipp: *Wer keine Pilze mag, kann getrocknete Tomaten nehmen. Und anstatt Salbei und Petersilie eignen sich auch Oregano und Basilikum. Hier darfst du nach Herzenslust experimentieren.*

Erst wenn
Weihnachten im Herzen ist,
liegt Weihnachten auch in der Luft.

William Turner Ellis (1845–1925)

11

Schnuppern

Wonach riecht Weihnachten für dich? Welchen Geruch hast du in der Nase, wenn du an diese Zeit denkst? Zimt-, Orangen- oder Nelkenduft? Oder ist es vielleicht ein ganz persönlicher Geruch, wie von dem alten Kaminzimmer deiner Oma oder der Küche am Weihnachtsabend, in der es in tausend Töpfen und Pfannen brutzelt? Öffne dein Herz und deine Sinne für die besonderen Gerüche der Vorweihnachtszeit.

Duftmassage

Zutaten für einen Flakon

- 50 ml Jojobaöl
- 50 ml Mandelöl
- 6 Tropfen naturreines Sandelholz-Aromaöl
- 2 Tropfen naturreines Jasmin-Aromaöl
- 2 Tropfen naturreines Orangen-Aromaöl

Was gibt es Schöneres als eine sinnliche Massage? Wenn du dabei ein besonderes Aroma-Öl verwendest, wird deine Massage zu einem einzigartigen Dufterlebnis. Als Trägeröl bietet sich das pflegende Jojobaöl an. Zum Massieren eignet sich besonders Mandelöl, da es nicht so schnell einzieht. Eine solche Mischung hebt die Stimmung und öffnet all deine Sinne.

Vermische die Öle miteinander und fülle die Flüssigkeit in einen schicken Flakon (z. B. vom Flohmarkt). An einen dunklen Ort stellen. Wenn du nun Lust auf eine Massage hast, fehlen dir nur noch ein paar helfende Hände. Aber natürlich kannst du dich auch selbst massieren. Wie wäre es mit einer Fuß- oder Bauchmassage?

Um den Flakon zu verschenken, nimm den Verschluss ab (er ist meist nicht dicht), verschließe die Öffnung mit einem Korken und Klebestreifen und hänge den eigentlichen Verschluss an das Fläschchen.

Tipps:

Richte dir öfter Zeiten ein, in denen du dich ganz auf deine Sinne konzentrierst. Es muss nicht bloß der Geruchssinn sein. Nimm ein duftendes Bad in einer stimulierenden Farbe und lege dazu schöne Musik auf. Gönne dir deine Lieblingsnascherei und sorge so für ein Rund-um-Wohlfühl-Paket.

Du kannst mit ätherischen Ölen experimentieren und so deinen Lieblingsduft zusammenstellen. Du solltest aber nur zu 100 % naturreines Öl und nicht mehr als ca. 10 Tropfen je 50 ml Trägeröl verwenden.

ALLES
NIMMT EIN
GUTES ENDE
FÜR DEN,
DER WARTEN KANN.

Lew Nikolajewitsch Graf Tolstoi
(1828–1910)

WARTEN

12

Überlege dir, wo und wann du im Alltag warten musst. Ist es im Auto vor der Ampel, an der Supermarktkasse oder beim Kochen? Was machst du in der Zeit? Schaust du auf dein Handy? Tippst du ungeduldig mit deinem Fuß auf und ab? Dabei kann Warten etwas Positives sein, denn es steigert die Vorfreude. Versuche, einen ganzen Tag lang Wartezeiten ohne Ungeduld auszuhalten. Überbrücke sie auch nicht, sondern lass dich bewusst auf sie ein. Genieße für einen Moment die Zeit, die mit „nichts" gefüllt ist.

Wartezeitüberbrücker

Material

- Moosgummiplatte
- Schere
- Kugelschreiber
- Holzrest oder Korken
- Packpapierrest
- starkes, doppelseitiges Klebeband, z. B. Kleberoller von UHU®
- Stempelkissen in deiner Lieblingsfarbe
- ggf. Stifte zum Verzieren

Baue bewusst „Wartezeiten" in deinen Alltag ein. Koche dir etwa eine Tasse Tee und warte, bis der Wasserkocher das Wasser erwärmt und der Tee gezogen hat. Oder suche dir eine Tätigkeit, die sich nicht beschleunigen lässt – beispielsweise Geschenkpapier von Hand bestempeln: Solche gleichförmigen Abläufe bringen dich in einen entschleunigten Flow, der dir hilft, Ruhe zu bewahren.

1 Auf das Moosgummi eine Form vorzeichnen oder diese freihändig ausschneiden, z.B. eine Kugel, ein Herz oder einen Weihnachtsbaum. Beim Ausschneiden darauf achten, dass auf der Oberfläche keine Kratzer entstehen.

2 Mit dem Kugelschreiber Details auf das ausgeschnittene Stück zeichnen. Dabei keinen Druck ausüben, denn beim Stempeln sind Unebenheiten direkt zu sehen.

3 Das Motiv mit dem doppelseitigen Klebeband auf den Holzrest kleben. Das Moosgummi muss vollständig aufliegen. Nur so kann gleichmäßig Druck ausgeübt werden.

4 Nun den Stempel mit Farbe benetzen und stempeln. Es bietet sich an, zuerst auf einem Schmierpapier einen Probeabdruck zu machen, um kleine Unebenheiten auszumerzen.

5 Das Papier bedrucken; so entstehen tolle Weihnachtskarten oder individuell gestaltetes Geschenkpapier. Ein Musterrapport, also eine gleichmäßige Wiederholung des Motivs, sieht besonders schön aus und erfordert ruhiges, konzentriertes Arbeiten. Genieße diese Atmosphäre.

6 Nach Belieben kann das gestempelte Motiv mit Zierstiften oder Fineliner ergänzt werden. Das sieht besonders hübsch aus, wenn es nur vereinzelt vorkommt.

Ist das nicht chic?

Nur in einem ruhigen Teich spiegelt sich das Licht der Sterne.

Chinesisches Sprichwort

Regenerieren

13

Schließe die Augen und nimm deine Körperhaltung wahr. Wie sitzt du? Aufrecht oder leicht gebeugt? Wie hältst du deine Hände? Sind sie offen oder zu einer Faust geballt? Was kannst du über die Haltung deiner Füße sagen? Spüre in dich hinein, und finde heraus, welche Körperhaltung sich für dich nach völliger Entspannung anfühlt. Wie fühlst du dich absolut wohl?

Kissen Goldmarie

Material für ein Kissen

- Kissenbezug in Weiß, 50 cm x 50 cm
- Kissenfüllung, 50 cm x 50 cm
- Siebdruckschablonen mit Federmotiv, selbstklebend
- Textilfarbe in Gold
- Textilmalstift in Gold
- Papier zum Zwischenlegen

Auch die fleißigsten „Goldmariechen" können nicht die ganze Zeit für Frau Holle schuften, sondern müssen mal eine Pause machen. Die beste Regeneration ist, sich bequem hinzusetzen oder -zulegen und für ein paar Augenblicke zu entspannen – sei es mit einem Nickerchen von 15 Min. oder einer kurzen Entspannungsübung (siehe z. B. S. 80).
Und für die extra Portion Behaglichkeit sorgt dieses Kuschelkissen mit Goldverzierung. Zum Träumen schön!

1 Den Bezug waschen und bügeln. Lege ein Blatt Papier in deine Kissenhülle und achte darauf, dass es nicht verknittert.

2 Klebe die Schablonen auf deine Kissenhülle und trage die Textilfarbe auf. Entsprechend den Herstellerangaben verteilst du die Farbe über die Schablonen. Gestalte so dein Kissen. Schablonen anschließend vorsichtig abziehen.

3 Mit einem Textilmalstift kannst du weitere Elemente aufbringen, z. B. Text, Punkte oder Sterne. Fixiere die Textilfarben mit einem Bügeleisen entsprechend den Herstellerangaben.

Bezug über die Kissenfüllung ziehen, ein gemütliches Plätzchen suchen, und gute Nacht!

Tipp: *Du kannst auch Vorlagen innen in das Kissen legen. Sie scheinen durch das weiße Textil hindurch und lassen sich so gut nachzeichnen.*

Wem die Natur ihr offenbares Geheimnis zu enthüllen anfängt, der empfindet eine unwiderstehliche Sehnsucht nach ihrer würdigsten Auslegerin, der Kunst.

Johann Wolfgang von Goethe (1749–1832)

14

Natur erleben

Wenn der erste Schnee liegt und sich die Bäume Weiß in Weiß in der verschneiten Landschaft zeigen, dann ist der ideale Zeitpunkt für einen Spaziergang in der winterlichen Natur gekommen. Betrachte dabei deine Umgebung, nimm die zugeschneiten Bäume, Pflanzen und Steine wahr. Sieh dich als Teil dieser natürlichen Idylle. Was wärst du? Ein Baum, eine Blume oder ein Stein? Überlege dir, was du mit dieser Rolle verbindest. Kraft? Stärke? Zartheit? Wo wäre dein Platz?

Ein Geschenk der Natur

Material

- (Kiefern-)zapfen
- Moos (aus dem Bastelladen)
- kleine Figur aus Gummi
- Glas oder Tasse
- Perlen-Pen in Rot
- Naturbast in Bordeauxrot, ca. 1,5 m lang
- Goldkordel, ca. 50 cm lang
- Zierstecknadeln in Gold, ø ca. 1 cm
- Stecknadeln
- Steckmasse
- Packpapier
- UHU-Bastelkleber

Ob durch den Wald, über die Wiese oder am Feld entlang, in jedem Fall wird dir dein Naturspaziergang einen kleinen Schatz offenbaren. Halte Ausschau nach Zapfen, Zweigen und Steinen. Sammle alles auf, was dir gefällt. Daheim im Warmen kannst du deine kleinen Schätze dann toll in Szene setzen.

1 Wickle ein Glas oder eine Tasse in Packpapier ein und zupfe das Papier ordentlich zurecht. Fixiere das Ganze mit einem Stück Naturbast, das du zu einer schöne Schleife bindest.

2 Etwas Steckmasse hineinfüllen, Moos darauflegen und mit einigen Stecknadeln und Zierstecknadel befestigen.

3 Klebe einige Zapfen und eine kleine Gummifigur auf das Moos. Ggf. mit weiteren Stecknadeln fixieren. Eine Goldkordel kunstvoll um die Schätze legen und mit Zierstecknadeln feststecken.

4 Mit einem Perlen-Pen kannst du schöne farbliche Akzente setzen.

Tipp: *Was sich mit diesem Gesteck nicht alles machen lässt! Anstatt Zapfen kannst du auch Äste oder Winterbeeren anbringen. Und auf einem feuerfesten Untergrund lässt sich das Arrangement um eine Kerze ergänzen.*

Das **größte Geheimnis**
des Glücks
ist, mit sich selbst im
Reinen zu sein.

Bernard Le Bovier de Fontenelle (1657–1757)

15

Bei sich selbst sein

Was magst du an dir? Welche deiner Eigenschaften schätzt du besonders? Was macht deinen wahren Wesenskern aus? Notiere dir all diese Dinge.
Dir fällt nichts ein? Dann ruf doch mal drei Freunde an und frag sie, was sie an dir mögen. Du wirst erstaunt sein, was sie alles aufzählen werden!

Heilsames Mantra

Material

- Kalligraphie-Stift mit Pinsel und Doppellinie in Schwarz
- Kalligraphie-Stift mit 2 Spitzen in Schwarz, 2mm und 3,5 mm
- Kalligraphie-Stift mit 2 Spitzen in Schwarz, 2mm und 5 mm
- Wasserfarben in versch. Farben
- Pinsel
- Aquarellblock
- Bleistift, Radiergummi und Lineal

Sei es ein kurzer Satz, ein Wort oder auch nur eine Silbe, einem Mantra wohnt immer eine besondere positive Kraft inne, die dein Selbstbewusstsein stärkt und dich im Alltag trägt. Nicht ohne Grund bedeutet „Mantra" so viel wie „Schutz des Geistes". Überlege dir ein persönliches Mantra und gestalte ein Poster, das dich an dieses Mantra erinnert.

1 Streiche deinen Aquarellblock nass ein. Vermische die Farben mit Wasser, sodass sie schön wässrig sind, d.h. viel Wasser, wenig Farbe. Nun beträufelst du den Block am Rand mit Farbklecksen. Dort, wo der Block sehr nass ist, verlaufen die Farben besonders schön ineinander. Lass alles gut trocknen.

2 Kreiere einen Schriftzug mit deinem Mantra. Mit einem Lineal vorsichtig Linien ziehen und den Schriftzug mit Bleistift vorschreiben. Übe ggf. auf einem Blatt Papier. Anschließend mit den Kaligraphie-Stiften nachschreiben.

3 Hänge dir dein Poster neben den Spiegel, die Schranktür oder an eine andere Stelle, die du täglich siehst. So wirst du immer wieder an dein Mantra erinnert.

Tipp: *Lass dir für das Farbenmischen viel Zeit. Beobachte, wie die Farben auf das Papier tropfen und ineinander übergehen. Sprich dabei leise dein Mantra und lass dir dafür alle Zeit der Welt. Gestalte so einen hübschen Rahmen für deine Gedankenstütze.*

Die Fähigkeit, glücklich zu leben,
kommt aus einer Kraft,
die der Seele innewohnt.

Marc Aurel (121–180 n. Chr.)

16

Entspannen

Was sorgt dafür, dass du dich angespannt oder erschöpft fühlst? Welche Stressoren gibt es bei dir? Überlege dir, wie du sie vorzeitig abwenden oder unterbrechen kannst. Was könnte dir eine kleine Auszeit verschaffen? Wer könnte dir dabei behilflich sein?

Sprudelnde Badekugeln

Zutaten für ca. 3 Badekugeln

- 200 g Natron
- 100 g Zitronensäure
- 50 g Kokosöl
- 60 g Maisstärke
- 2 Päckchen Lebensmittelfärbepulver in Orange
- 15 Tropfen naturreines Aroma-Orangenöl
- 1 reichlichen TL Zimt
- ggf. getrocknete Orangenzesten

Ein schönes Bad könnte deine kleine Auszeit vom Alltag sein. Diese sprudelnden Badekugeln duften herrlich nach Zimt und Orange – und passen perfekt in die Weihnachtszeit. Darüber hinaus wirken sie reinigend und stimmungsaufhellend. So kann dir der Weihnachtsstress nichts mehr anhaben.

1 Kokosöl schmelzen, z. B. in einem Wasserbad oder in einer Schüssel auf der Heizung. Anschließend das ätherische Öl dazugeben.

2 Die trockenen Zutaten miteinander vermischen. Anschließend das Öl hinzugeben und mit sauberen Händen alles vermengen. Die Masse sollte sich nicht ölig anfühlen, aber auch nicht zu bröselig sein.

3 Forme feste Kugeln aus der Masse, und zwar so, als würdest du Schneebälle pressen. Lässt sich das absolut nicht bewerkstelligen, gib noch etwas Kokosöl hinzu.

4 Kugeln für mindestens 24 Std. an einem kühlen und trockenen Ort festwerden lassen.

Tipps: Statt Aromaöl kannst du auch einige Tropfen deines Lieblingsparfüms beimengen.

Je geübter du im Formen bist, desto weniger Öl solltest du zukünftig verwenden.

Mögest du die Widersprüche in der Welt auf dich wirken lassen und die RICHTIGE ANTWORT für dich finden. Mögest du lernen, deinem Selbst ein guter Freund zu sein. Irischer Segenswunsch

17
WÜNSCHEN

Was ist dein innigster Wunsch? Was wünschst du dir, was du nicht mit Geld kaufen kannst? Wünsche sind wichtig, doch du musst sie loslassen, damit sie in Erfüllung gehen können. Denke jetzt noch einmal ganz intensiv an deinen sehnlichsten Wunsch und schreibe ihn auf. Dann lass ihn los und sei gespannt, wann und wie er in Erfüllung gehen wird.

Engel der Wünsche

Material

- Holzklammer mit Rundkopf
- Spitzen-Doilie aus Papier, ø 10 cm
- Acrylfabre in Weiß
- Brilliantglitter in Rosé-Gold
- Wollgarnfäden in Gelbgold
- Fineliner in Schwarz
- Buntstift in Rosarot
- kleiner Rundhaken zum Eindrehen, 8 mm x 1,8 mm
- Papier und Stift für eine liebe Nachricht
- Bastelleim
- ggf. Vorbohrer und Zange

Engel bedeutet „Bote". Verschiedene Glaubensrichtungen gehen davon aus, dass Engel besondere Eigenschaften haben und als „Vermittler" zwischen uns und einer entsprechenden Gottheit wirken.

1 Drehe zuerst den kleinen Rundhaken in die Rundung der Holzklammer. Mit Fineliner und Buntstiften ein Gesicht auf den Rundkopf der Klammer malen. Anschließend malst du die gesamte Klammer der Länge nach Weiß an, damit dein Engel ein Kleidchen bekommt. Etwas Glitter über die noch nasse Farbe streuen und behutsam festdrücken.

2 Nimm den Doilie zur Hand und falte ihn wie eine Ziehharmonika: einmal nach vorn, einmal nach hinten. Drücke anschließend die Mitte platt zusammen und knicke die Ziehharmonika, die nun rechts und links neben dem Finger liegt, jeweils um ca. 45° nach unten. Die plattgedrückte Mitte klebst du nun mit Bastelleim hinten an die Klammer.

3 Bastelleim oben und seitlich auf dem Rundkopf verteilen und je drei kleine Wollstränge als Haar an deinen Engel kleben. Ein Wollfaden in der gleichen Farbe wie das Haar kann als Aufhängung dienen, wenn du ihn durch den Rundhaken fädelst und verknotest.

4 Jetzt kannst du den Engel als Glücksboten aufhängen, der über dich und deinen Wunsch wacht. Du kannst aber auch eine liebe Nachricht schreiben, an deine Engelsklammer klemmen und jemandem damit eine Freude machen.

Die größten Ereignisse,
das sind nicht
unsere lautesten,
sondern unsere
stillsten Stunden.

Friedrich Nietzsche (1844–1900)

18

Träumen

Nimmst du dir manchmal Zeit zum Tagträumen? Tagträumereien sind wichtig, denn sie sorgen für einen Ruhepol im Alltag. Falls du das Tagträumen verlernt hast, lass dich von folgender kleinen Übung inspirieren:

1. Setz dich entspannt hin, sodass dein Körper sich ganz leicht anfühlt. Atme flach und konzentriert ein und aus.

2. Stell dir deine Zukunft vor. Male dir diese bildlich aus. Lass deine Gedanken ein bisschen schweifen, um dieses imaginierte Bild auszuschmücken.

3. Nach einigen Minuten kannst du wieder zurückkommen, dich entspannen und deinem Traum noch ein bisschen nachhängen.

Traumfänger

Material

- Stickrahmen aus Holz, ø 19 cm
- Spitzendeckchen, ca. ø 19 cm
- Organzaband in Weiß, Bordeauxrot und Taupe, je 1 cm breit und 5 m lang
- Kordel in Gold, 2 mm breit, ca. 3 m lang
- Spitzenbordüre, ca. 1 m lang
- Satinband in Weiß, 2 mm breit, ca. 1 m lang
- 10–20 Rocailles in Weiß und Taupe, ca. ø 8 mm
- 3 Metallperlen, ca. ø 1 cm
- Dekofedern in Weiß mit Sternen
- 3 Orangenscheiben, getrocknet
- Garn in Weiß oder Transparent
- Nähnadel

Ein Traumfänger soll böse Träume fernhalten, indem sich diese in seinem Netz verfangen. Dem indianischen Glauben nach verbessert er dadurch den Schlaf. Und kannst du nachts gut und ohne Alpträume schlummern, bist du fit genug für die schönsten Tagträumereien.

1 Knote an den unteren Bogen des äußeren Stickrahmens die Bänder in verschiedenen Farben. Dazwischen hängst du die Federn und Orangenscheiben, indem du sie mit Nadel und Garn anbringst. Auf die Garnfäden fädelst du die Metallperlen. Die Rocailles kannst du auf einzelne Bänder auffädeln und mit einem Knoten sichern.

2 Das Deckchen in den Stickrahmen einspannen. Ist das Deckchen etwas zu klein für den Rahmen, kannst du es mit Nähgarn an den kleinen Teil des Stickrahmens nähen, bevor du den Rahmen spannst.

3 An der Schraube des Rahmens ein Stück von dem Organzaband als Aufhängung anbringen.

Tipp: *Zum Anknoten der Materialien kannst du den Rahmen über den Knauf einer geöffneten Schublade hängen. Es lässt sich leichter knoten, wenn die Bänder frei nach unten hängen.*

Schenke herzlich und frei.
Schenke dabei, was in dir wohnt an
Meinung, Geschmack und Humor,
sodass die eigene Freude zuvor
dich reichlich belohnt.
Joachim Ringelnatz (1883-1934)
MERRY
HAPPY
XMAS

Schenken 19

Welche Eigenschaften schätzt du an anderen Menschen? Wieso tut dir die Anwesenheit bestimmter Menschen besonders gut? Was hinterlassen sie in dir? Freude? Trost? Entspannung? Umgib dich mehr mit jenen, die dir guttun!

Kleine Geste

Material

- Kraftpapierbeutel, ca. 15 cm x 21 cm x 8,5 cm
- Schleifband in Grün, ca. 4 cm breit, 50 cm lang
- Filzstift in Violett
- 5 Ösen, ø 8 mm
- Loch- und Ösenzange
- ggf. Bleistift zum Vorzeichnen
- Füllung nach deinem Geschmack

1 Den Kraftpapierbeutel nach Belieben beschriften. Ggf. den Text mit Bleistift vormalen und mit einem Filzstift nachschreiben.

2 Nun befüllst du den Beutel und klappst die Öffnung zweimal um. Mit einer Loch- und Ösenzange 5–6 Löcher und Ösen in die umgeschlagene Kante machen. Die Tüte ist damit automatisch verschlossen.

3 Fädele das Schleifband so durch die Ösen, dass oben eine Art Henkel entsteht und du aus den Enden eine schicke Schleife formen kannst.

4 Und nun los: Hänge deine kleine Aufmerksamkeit an den Briefkasten oder die Türklinke nebenan.

Freude verdoppelt sich, wenn man sie teilt. Warum nicht mal dem freundlichen Postboten oder deiner Lieblingsnachbarin eine kleine Köstlichkeit als Dankeschön oder Gruß zukommen lassen? Wenn du für dich bäckst (z. B. die fröhlichen Kekse von S. 13), kannst du gleich ein bisschen mehr Teig zubereiten. Und während die Kekse im Ofen goldbraun werden, kannst du die Geschenktüte vorbereiten. Du wirst sehen, wie toll dein kleiner Gruß ankommen wird.

DER MENSCH BEREIST DIE WELT
AUF DER SUCHE NACH DEM,
WAS IHM FEHLT.
UND ER KEHRT NACH HAUSE ZURÜCK,
UM ES ZU FINDEN.
George Moore (1852-1933)

20

ZUHAUSE SEIN

Was bedeutet Heimat für dich?
Wie fühlt sich Zuhause an?
Was findest du dort,
was es nirgendwo anders gibt?
Verbindest du einige schöne Traditionen mit deiner Heimat oder deinem Zuhause?
Spüre in dich hinein.

KLEINE HEIMREISE

MATERIAL FÜR 3 HÄUSER

- (Kiefer-)Holzbalken, 6 cm x 4 cm, hier: 39 cm lang
- Acrylfarbe in Bordeauxrot und Weiß-, Ocker- und Hellbrauntönen
- großes Streichholz
- Bleistift
- ggf. Stifte in versch. Farben
- Bastelleim
- Pinsel
- kleine Handsäge
- Vorbohrer
- Schleifpapier

Diese hübschen Holzhäuschen kannst du mit Details versehen, die dich an dein Zuhause bzw. an deine Heimat erinnern. Sei es die Hausform, die Fassade, eure Hausnummer oder die Fenster – gestalte die Häuser nach deiner Vorstellung.

1 Den Holzbalken in drei Stücke sägen (hier: 10 cm, 13 cm und 16 cm lang). Mit dem Bleistift jeweils an einem Ende eines Holzstücks die Dachform skizzieren und die Schrägen absägen. Glätte mit Schleifpapier die Oberflächen und schleife Grate ggf. glatt. Dann malst du die Dächer in Bordeauxrot an. Trocknen lassen

2 Das Streichholz in drei kurze Stücke brechen und dieses ebenfalls in Bordeauxrot anmalen. Mindestens 2–3 Stunden durchtrocknen lassen.

3 Die weiße Acrylfarbe leicht mit Wasser verdünnen und damit die Häuser bepinseln. Überpinsle auch die bereits getrockneten Dächer. Lass alles einige Stunden trocknen.

4 Mit etwas Schleifpapier schleifst du die weiße Farbe stellenweise ab. Bearbeite vor allem die Dächer, damit das Rot schön hindurchkommt. Mit dem Vorbohrer je ein Loch in jedes Dach bohren und eines der Streichholzstücke mit Bastelleim in das Loch einkleben. Das ist der Schornstein.

5 Nun geht es an die Details: Mit Stiften und Pinsel (Erinnerungs-) Fenster, Türen und weitere liebevolle Kleinigkeiten aufmalen.

Ohne innere Wärme
ist nichts Großes noch Schönes
im Leben vollbracht worden.

Eduard Hanslick (1825-1904)

21

Wärmen

Erschaffe dir ein festes Ritual, um deine Seele zu wärmen und den Genuss zu zelebrieren. Mach es dir so bequem und schön wie möglich. Schalte elektronische Geräte auf lautlos (es sei denn, du möchtest leise Musik hören). Sei gut zu dir selbst. Was könnte zu deinem Ritual dazugehören? Ein warmes Getränk? Deine weiche Lieblingsdecke? Wärmflasche und Kuschelsocken?

Schlemmer-Kakao mit Kokos

Material

- 150 ml Bio-Kokosmilch
- 150 ml Milch
- 3 EL Kakao, entölt
- 2 EL Zucker
- 1/4 TL Zimt
- Schokosirup
- Schlagsahne
- Kokosraspel

Gönn dir ein Getränk für deine Seele. Wenn du Kokos und Schokolade magst, wirst du dieses Getränk lieben. Es wird deine Seele wärmen und ist perfekt, um den Feierabend oder das Wochenende einzuläuten.

1 Kokosmilch und Milch unter Rühren in einem Topf stark erhitzen. Anschließend Kakao, Zimt und Zucker dazugeben und verrühren. Den Topf vom Herd nehmen.

2 Gieße ein großes Glas innen mit dem Schokosirup aus und fülle im Anschluss deinen Kokos-Kakao ein. Zum Schluss mit Sahne, noch mehr Schokosirup sowie Kokosraspeln üppig garnieren.

3 Suche dir eine bequeme Ecke und serviere dir selbst diese leckere Kokos-Köstlichkeit.

Lasst uns dankbar sein
gegenüber Menschen, die uns glücklich machen.
Sie sind die liebenswerten Gärtner, die unsere
Seele zum Blühen bringen.

Marcel Proust (1871– 1922)

22

Erinnern

Erinnere dich an deine vergangenen Weihnachtsfeste. Welche schönen Erinnerungen kommen in dir hoch? An welche Person denkst du als erstes? Vielleicht möchtest du denjenigen anrufen und die schöne Erinnerung mit ihm teilen? Du kannst aber auch einfach nur an diese Person und euer gemeinsames Erlebnis denken. Es ist wichtig, schöne Erinnerungen im Herzen zu tragen.

Familienzeit

Material

- Holzstück, ca. 21 cm x 15 cm, 1,5 cm dick
- Streuteil „Schneeflocke“
- Acrylfarbe in Taubenblau
- Transferkleber für Fotos
- Überzugslack
- Naturbast
- kleiner Ösenhaken
- Pinsel und Rakel
- Schleifpapier
- Laserdrucker/-kopierer

Krame in deinen Fotokisten oder durchblättere alte Fotoalben und denke dabei an deine Liebsten. Wenn du auf ein besonders schönes Foto stößt, setze es in Szene und stelle oder hänge es auf. Nostalgie pur!

1 Ein Stück Holz passend zuschneiden, Ränder und Grate glattschleifen und Staub- und Schleifreste entfernen. Male das Holzbrett in Taubenblau an und lass es trocknen. Schleife anschließend ein wenig an den Rändern und Kanten entlang, um wieder Farbe abzunehmen und dem Brett einen Shabby-Look zu geben.

2 Drucke dein Lieblingsfoto (farbig oder s/w) in der passenden Größe (hier: 10 cm x 15 cm) und gespiegelt aus, damit es nach dem Transfer in der richtigen Ansicht ist. Besonders wichtig ist dies, wenn auf deinem Foto Schriftzüge zu sehen sind (z. B. auf T-Shirts).

3 Entsprechend den Herstellerangaben bringst du mithilfe des Transferklebers das Foto auf das Holz auf und verarbeitest auch den Schutzlack entsprechend. Dabei mit dem Lack das gesamte Holzbrett bepinseln, also sowohl die farbigen Ränder als auch das Foto.

4 Wenn alles getrocknet ist, kannst du einen kleinen Ösenhaken oben als Aufhängung anbringen. Verziere das Bild, z. B. mit einer kleinen Schleife und einem niedlichen Streuteil.

DER MENSCH MUSS LERNEN,
DEN LICHTSTRAHL AUFZUFANGEN
UND ZU VERFOLGEN,
DER IN SEINEM INNEREN AUFBLITZT.

Ralph Waldo Emerson (1803–1882)

ERWARTEN

23

So, wie das Sonnenlicht für unseren Körper wichtig ist, so sind es die Lichtblicke für unsere Seele. Auf welche Highlights freust du dich im kommenden Jahr? Du hast noch nichts geplant? Dann nimm dir jetzt etwas Schönes vor, worauf du dich freuen kannst. Vielleicht eine kleine Reise? Oder du besuchst einen lieben Menschen? Schmiede Pläne und sorge so für Lichtblicke in deinem Leben.

UPCYCLING-LICHT

MATERIAL PRO LICHT

- Getränkekarton, leer
- Schere
- Fineliner in Schwarz
- Naturbast in Gold, ca. 40 cm
- Klebestreifen
- Teelicht

Draußen ist es kalt und dunkel? Dann ist es umso wichtiger, drinnen für warmes und gemütliches Licht zu sorgen. Das gemütliche Flackern eines kleinen Kerzenlichts ist ein toller Anblick – fast wie ein Minikamin. Mit dieser hübschen Upcycling-Idee hat man auch tagsüber einen trendigen Blickfang.

1 Den Getränkekarton ca. 10 cm über dem Boden abschneiden, sodass ein offener Behälter entsteht.

2 Den Karton gründlich mit etwas Spülmittel auswaschen und abtrocknen. Dann mehrere Male knautschen, falten, zerknüllen und wieder entfalten, um das Material geschmeidig zu kneten. Das kann durchaus 15 Minuten dauern.

3 An der Nahtstelle beginnend nun die oberste bedruckte Papierschicht abziehen. Ebenso die bunte Schicht vorsichtig vom Boden der Packung lösen.

4 Die obere Kante des Behälters nach außen umschlagen.

5 Anschließend kann man das selbstgemachte Windlicht verzieren, indem man mit dem schwarzen Stift kleine, feine Sterne oder beliebige andere Muster aufmalt. Auch Verzierungen mit Serviettentechnik, schönen Stempeln oder Streifen aus hübschem Tape sind möglich.

6 Zuletzt etwas Naturbast um die Stelle wickeln, wo die Umschlagkante ist, und zu einer schönen Schleife binden. Die Enden stutzen und das Schleifchen an einer unauffälligen Stelle mit einem Klebestreifen fixieren.

Und jetzt: Teelicht reinstellen und den Schein des Lichts genießen

Ich werde
Weihnachten
in meinem Herzen
ehren und versuchen,
es das ganze Jahr
hindurch aufzuheben.
Charles Dickens (1812–1870)

24

Erfahren

Weihnachten – ein besonderer Tag mit einer ganz besonderen Stimmung. Es vermischen sich Aufregung, Anspannung, Vorfreude, wohlige Wärme, Heimeligkeit und Herzensfreude miteinander. Welche Gefühle dominieren in dir? Welche Stimmungen liegen bei dir zu Hause in der Luft und gehören für dich zu diesem Tag? Versuche, sie zu spüren, zu erkennen und in dir zu bewahren – denn diese Stimmung gibt es nur am 24. Dezember. **Frohes Fest!**

Heiliger Müßiggang

Entspanne dich, um jedes Gefühl für sich in dir aufzunehmen und zu verinnerlichen. Lass deine Gedanken etwas schweifen. Am einfachsten geht das, wenn du dich einer kleinen Zerstreuung hingibst, z. B. einem Ausmalbild. Die Vorbereitungen für den Abend können auch noch eine Stunde warten.

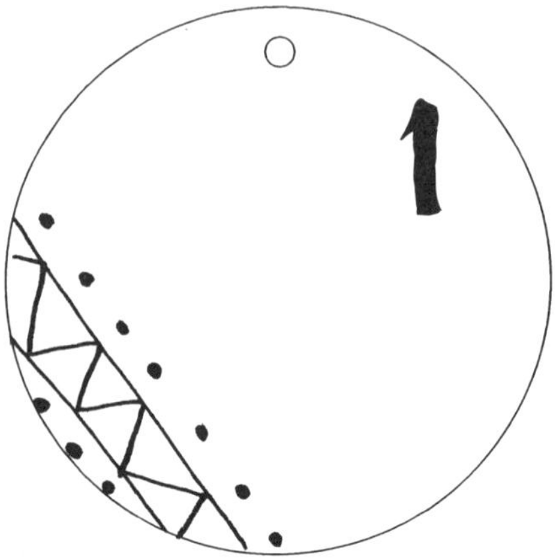
1

2

3

4

5

6

7

8

9

10

11

12

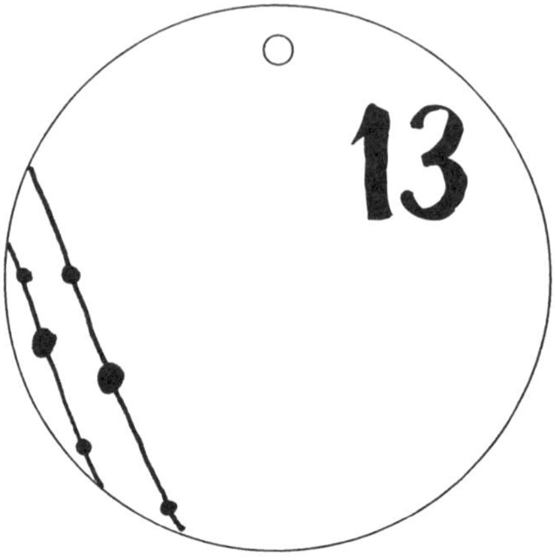
13

14

15

16

17

18

19

20

21

22

23
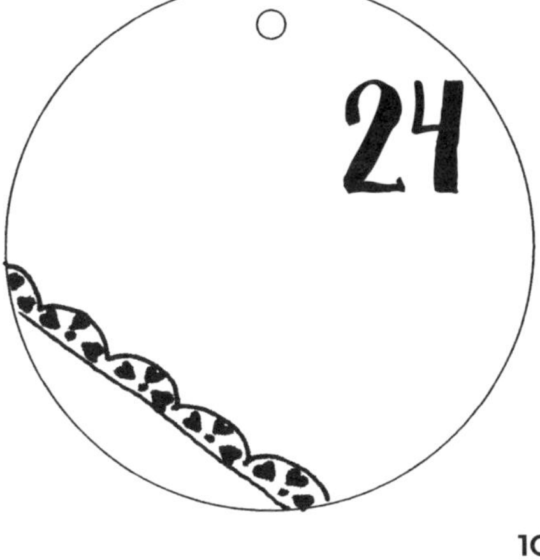
24

BUCHEMPFEHLUNGEN FÜR DICH

Noch mehr kreative Bücher zum gleichen Thema gesucht?

ISBN 978-3-7724-4925-3

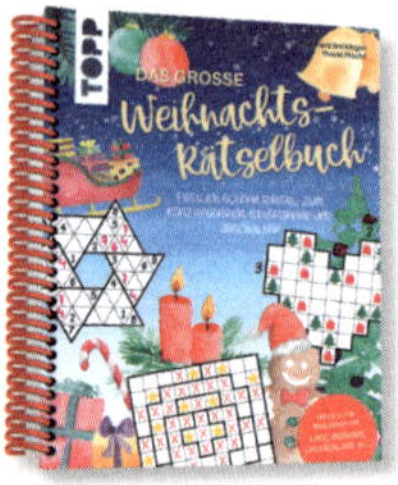

ISBN 978-3-7724-7344-9

ISBN 978-3-7724-7152-0

ISBN 978-3-7724-5375-5

ISBN 978-3-7724-4357-2

ISBN 978-3-7724-4321-3

ISBN 978-3-7724-7693-8

ISBN 978-3-7724-7151-3

ISBN 978-3-7724-8064-5

ISBN 978-3-7724-8047-8

ISBN 978-3-7724-5287-1

ISBN 978-3-7724-7695-2

19

20

21

22

23

24

BUCHEMPFEHLUNGEN FÜR DICH

Noch mehr kreative Bücher zum gleichen Thema gesucht?

ISBN 978-3-7724-4925-3

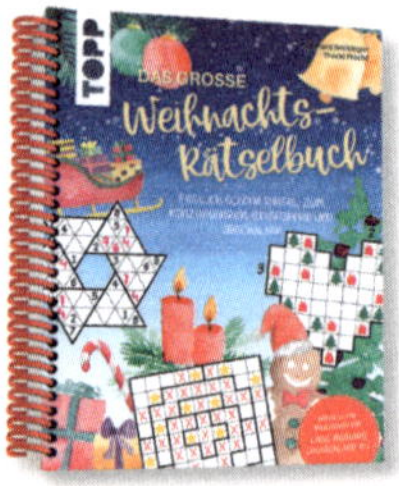

ISBN 978-3-7724-7344-9

ISBN 978-3-7724-7152-0

ISBN 978-3-7724-5375-5

ISBN 978-3-7724-4357-2

ISBN 978-3-7724-4321-3

ISBN 978-3-7724-7693-8

ISBN 978-3-7724-7151-3

ISBN 978-3-7724-8064-5

ISBN 978-3-7724-8047-8

ISBN 978-3-7724-5287-1

ISBN 978-3-7724-7695-2

Noch mehr Kreativ-Bücher finden Sie auf www.TOPP-kreativ.de

DÜRFEN WIR VORSTELLEN?
WIR SIND TOPP!

Uns, unsere Autoren, Bücher, Sets und viele, viele Bastelideen gibt‘s nicht nur auf Events und in Buchhandlungen, sondern natürlich auch online:

www.TOPP-KREATIV.de

www.YouTube.com/frechverlag

www.TOPP-KREATIV.de/Newsletter

www.Instagram.com/frechverlag

www.Facebook.com/frechverlag

www.Pinterest.com/frechverlag

www.TOPP-kreativ.de/DigiBib

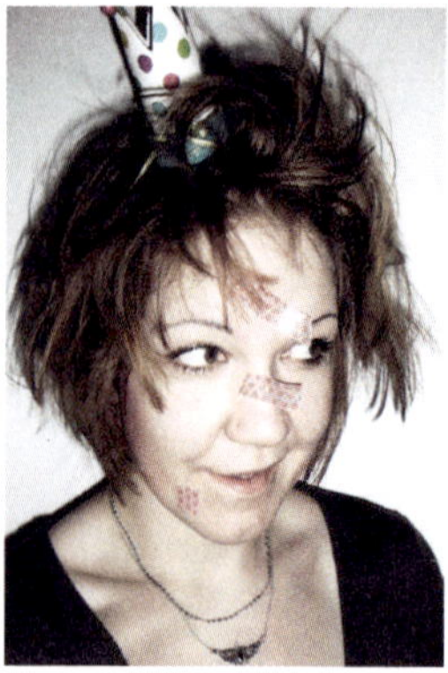

Franziska Heidenreich ist Diplom-Kommunikationspsychologin und gelernte Mediengestalterin. Sie ist Autorin von einigen ganz besonderen Kinderbastelbüchern des frechverlags und fühlt sich u. a. auch bei den klassischen Handarbeiten wohl. Fasziniert von allen möglichen Materialien liebt sie das experimentelle Ausprobieren und den Prozess des Bastelns an sich. Zu sehen, wie etwas entsteht und sich entwickelt, findet sie dabei besonders spannend. Sich Dinge auszudenken gehört zu Franziskas Lieblingsbeschäftigungen und das sehr zur Freude ihres Sohnes und ihrer kleinen Tochter, denn bei Franziska zuhause gibt es immer etwas zum Staunen und Probieren. Sie wohnt mit ihrem Mann, den zwei Kindern und einigen Fischen in einer kunterbunten Wohnung in Berlin.

Ein besonderer Dank gilt der Firma Rayher, Laupheim, für die umfangreiche und freundliche Bereitstellung von Materialien.

IMPRESSUM

FOTOS: frechverlag GmbH, 70499 Stuttgart; lichtpunkt, Michael Ruder, Stuttgart (S. 12, 16, 20, 24, 31, 36, 48, 52, 60, 64, 68, 72, 76, 80, 84, 88, 92, 96); Franziska Heidenreich (S. 28, 40, 44, 56, 100); fotolia: vectorfusionart (S. 8/9), azurita (S. 10), rangizzz (S. 14), ssergiocom (S. 18), alimyakubov (S. 22), Rawpixel (S. 26), karaidel (S. 34), Rene (S. 38), ajlatan (S. 42), karepa (S. 50), nikolaydonetsk (S. 54), den-belitsky (S. 58), smallredgirl (S. 62 & S. 78), Andreas Gruhl (S. 66), Halfpoint (S. 70), gpointstudio (S. 74), S.H.exclusiv (S. 82), stockpics (S. 86), svittlana (S. 90), Claudia Paulussen (S. 94), Konstantin Yuganov (S. 98), Sandra Cunningham (S. 102)

ILLUSTRATIONEN: fotolia: askaja (Sterntalermädchen), lilett (Weihnachtselemente: Cover, S. 3, 6), qilli (Zahlen: Cover [1, 3, 9, 12], S. 11, 19, 39, 43), saenal78 (Zahlen: Cover [23], S. 35, 47, 55, 83, 103)

LETTERINGS FÜR WEIHNACHTSKUGELSTICKER: Marie-Isabel Takle, Schwabach

PRODUKTMANAGEMENT: Janina Vogel, Katrin Hartmann, Stephanie Iber

LAYOUT UND SATZ: Konstanze Laue

DRUCK UND BINDUNG: POLYGRAF PRINT spol. s r.o.

Überarbeitete Neuauflage von ISBN 978-3-7724-7797-3

1. Auflage 2019

ISBN 978-3-7724-7262-6 • Best.-Nr. 7262

Noël Noël Noël

Liebe Love Amour Liebe Love Amour

Weihnachtszauber

Kerzenlicht & Lieblingstee

Gemütlichkeit

Weihnachtswunder

Leise rieselt der Schnee

Lichtermeer

Kaminfeuer

Sternenzauber

und die Engel wachen

vom Himmel hoch

stille Nacht heilige Nacht

LEBKUCHENDUFT

snow